Chers a
bienvenue d

Geronimo Stilton

L'Écho du rongeur
Rédaction

Ce livre est dédié à John, Ana, Thiago et à tous les autres merveilleux amis du pays le plus aventureux du monde : le Brésil !

Texte de Geronimo Stilton.
Basé sur une idée originale d' Elisabetta Dami.
Coordination des textes d' Isabella Salmoirago.
Coordination éditoriale de Patrizia Puricelli.
Édition de Maria Ballarotti.
Coordination artistique de Roberta Bianchi.
Assistance artistique de Lara Martinelli.
Couverture de Giuseppe Ferrario *(dessins)*
et Giulia Zaffaroni *(couleurs)*.
Illustrations intérieures de Giuseppe Ferrario *(dessins)*
et Giulia Zaffaroni *(couleurs)*.
Cartes : Archives Piemme.
Graphisme de Chiara Cebraro.
Traduction de Marianne Faurobert.

www.geronimostilton.com

Pour l'édition originale :
© 2011, Edizioni Piemme S.p.A. – Corso Como, 15 – 20154 Milan, Italie
sous le titre *Grosso guaio in Mato Grosso*
International rights © Atlantyca S.p.A. – Via Leopardi, 8 – 20123 Milan, Italie
www.atlantyca.com – contact : foreignrights@atlantyca.it
Pour l'édition française :
© 2014, Albin Michel Jeunesse – 22, rue Huyghens, 75014 Paris
Blog : albinmicheljeunesse.blogspot.com
Loi 49-956 du 16 juillet 1949 sur les publications destinées à la jeunesse
Dépôt légal : premier semestre 2014
Numéro d'édition : 20882
ISBN-13 : 978 2 226 25523 5
Imprimé en France par Pollina S.A. en avril 2014 - L67469

Geronimo Stilton

BONS BAISERS DU BRÉSIL

ALBIN MICHEL JEUNESSE

Geronimoooooo... Stiltooooooon !

Chers amis rongeurs, mon nom est Stiltooon ! Geronimoooooo... Stiltooooooon ! Heu, vous m'excuserez si je me présente comme ça, à la volée. D'habitude, je suis un rongeur plutôt calme et paisible, j'exerce un travail calme et paisible, dans un bureau calme et paisible

à Sourisia, la capitale de l'île des Souris. Et donc, me demanderez-vous, qu'est-ce que je fais ici, **AGRIPPÉ** à un véhicule **TOUT-TERRAIN** filant à toute berzingue sur une piste, au beau milieu de la FORÊT brésilienne ?

À vrai dire, je me demande moi-même ce que je fais là, perdu dans une **NATURE** sauvage, peuplée d'animaux super **DANGEREUX** ! Scouiiiit !

Tout ce que je peux vous dire, c'est qu'il s'agit d'une aventure, d'une aventure extrême,

d'une aventure telle que je n'en ai jamais vécu auparavant. Bien sûr, tout a commencé un **SOIR** comme les autres, un soir on ne peut plus banal, je m'en souviens parfaitement…

C'est pourquoi je vais vous raconter cette histoire incroyable, inouïe, impensable en commençant par ce soir-là !

Un bonjour du Mato Grosso !

C'était un paisible dimanche soir de février, et j'étais pelotonné dans mon FAUTEUIL préféré, près de la cheminée, avec une tasse de chocolat fumant. Pour me tenir chaud, j'avais enfilé par-dessus mes vêtements la nouvelle robe de chambre en soie jaune que tante Toupie m'avait offerte.

J'écoutais un concert de musique classique, tout en consultant mon courrier électronique sur l'ordinateur. Tiens tiens tiens, je venais de recevoir un nouveau message…

En l'ouvrant, je vis s'afficher l'image d'une FORÊT tropicale avec un serpent, un caïman,

et un piranha à l'expression peu amicale… QUELLE FROUSSE FÉLINE !

Au-dessus, un message disait :

Je SURSAUTAI dans mon fauteuil en recrachant mon chocolat. Ma robe de chambre neuve fut TACHÉE et comme si ça ne suffisait pas, mes lunettes me TOMBÈRENT du museau. Scouiiiit ! À ce moment précis, on SONNA à la porte et j'entendis brailler :

– Geronimoooooo ! Tu es prêt ?

En tâtonnant dans le BROUILLARD le plus total (sans mes lunettes, je ne distingue pas un brie d'un cabécou), je titubai vers la porte, je me pris les pattes dans le tapis et après un triple saut périlleux, je plongeai la tête la première dans le bocal d'Hannibal, mon poisson rouge !

COMMENT J'AI FINI DANS LE BOCAL D'HANNIBAL !

Je sursautai dans mon fauteuil en recrachant mon chocolat.

Ma robe de chambre neuve fut tachée…

… et comme si ça ne suffisait pas, mes lunettes me tombèrent du museau.

En tâtonnant dans le brouillard le plus total, je titubai vers la porte…

… je me pris les pattes dans le tapis et…

… après un triple saut périlleux, je plongeai la tête la première dans le bocal 'Hannibal, mon poisson rouge !

Tu as pigé, Cancoyooooooote ?

J'aperçus VAGUEMENT la porte qui s'ouvrait d'un coup : *quelqu'un* se précipita vers moi en hurlant :

– Tu as pigé, Cancoyoooooote ???

Au lieu de demander « pigé quoi ? », je ne pus que dire :

– Bloub !

Quelqu'un attrapa le bocal et j'entendis une voix s'exclamer :

– Tu es vraiment un gros nigaud, Cancoyoooooote !

Finalement, le bocal se détacha de ma tête et je crachai une gorgée d'eau. J'allai chercher mes lunettes de secours et m'assurai aussitôt qu'Hannibal allait bien.

Quand j'eus constaté que mon **POISSON** s'était remis à nager tranquillement, je me retournai pour découvrir qui avait bien pu provoquer ce désastre…

Devant moi se tenait un rongeur **MASSIF** comme une armoire, **MUSCLÉ** comme un culturiste, **SOURIANT** comme si on venait de lui raconter une bonne blague. Il portait des lunettes miroir, mais je le reconnus sur-le-champ : c'était **CHACAL** ! Vous ne le connaissez pas ? Je vous explique tout de suite qui il est : c'est le plus grand aventurier de l'île des Souris (une page

L'ENCYCLOPÉDIE DE L'AVENTURE

NOM DE CODE : Chacal
SURNOM : Chacal
PETIT NOM : Chacal
TATOUAGES : un python sur le bras droit, un dragon sur le gauche !
PLAT PRÉFÉRÉ : la pizzaaaa !!!
CE QU'IL AIME PAR-DESSUS TOUT : la nature !
CE EN QUOI IL CROIT : chacun doit pouvoir se réaliser !
SON RÊVE : qu'un jour, la paix règne dans le monde !
CE QU'IL REDOUTE : rien ni personne !
SA CARACTÉRISTIQUE : survivre à tout, partout et quoi qu'il arrive !
SON POINT FORT : l'esprit d'équipe !
SON POINT FAIBLE : il a beau avoir l'air d'un rude lascar, c'est un grand sentimental ! Et il est amoureux de Téa Stilton !
SON SPORT FAVORI : tous les sports, en particulier le parachutisme, le triathlon et d'autres sports extrêmes comme la course à pied avec sac à dos (43 km en côte avec un sac de 10 kg)
AUTRES CENTRES D'INTÉRÊT : il lit des recueils de poésie !

lui est même consacrée dans *l'Encyclopédie de l'aventure*) !

Il me décocha un sourire éblouissant et me demanda :

– Alors, Cancoyote, tu es prêt ?

Je BALBUTIAI :

– Mais… mais… mais… prêt pour quoi faire ?

Il secoua la tête.

– Décidément, tu es LENT, Cancoyote. Mais tu vas VITE comprendre. Assez bavardé, j'ai à faire !

Vif comme un rat, il saisit MON ordinateur, cliqua sur ma messagerie électronique, tapa MON mot de passe (que personne n'est censé connaître) et… ouvrit MA boîte courriel ! Il me montra le message avec l'image du serpent, du caïman et du piranha, en trompetant :

– Tu vois cette MERVEILLE ? Alors, tu es prêt ?

Je bafouillai, effaré :

– D'a… d'abord je ne vois pas pourquoi je devrais être prêt, et… et puis comment as-tu fait pour accéder à mon courrier électronique ?

Il rigola derrière ses moustaches.

– Facile ! Je connais ton mot de passe, Cancoyote.

– Mais mon mot de passe est secret !

Il m'agita son téléphone portable sous le museau :

– L'autre jour, je t'ai **FILMÉ** par hasard (hum, *presque* par hasard) juste au moment où tu le composais. Maintenant, je le connais moi aussi. Ton mot de passe est… *fromage*. Excuse-moi, Cancoyote, mais c'est trop facile, j'aurais pu le deviner sans te filmer ! C'est clair, Cancoyote, il faut tout t'apprendre, **TOUT TOUT TOUT** ! Est-ce que tu m'es reconnaissant, au moins ?

Je n'eus pas le temps de protester car déjà, il repartait à l'attaque. Il se **RUA** sur le clavier de mon ordinateur, s'introduisit dans mon site Internet, y entra une montagne de données numériques et… tout s'effaça !!!

– Tu m'as tout effacé ! hurlai-je, au désespoir. Je ne peux pas le croire. Scouiiiit !!!

Puis je m'évanouis.

TONIQUE, TRÈS TONIQUE, ET MÊME SUPER TONIQUE !

Je revins à moi quand *quelqu'un* me flanqua un grand seau d'eau glacée en pleine poire. C'était lui, Chacal, et il se félicita, tout content :

– Alors, tu ne m'es pas RECONNAISSANT ? Tu devrais me remercier d'avoir effacé ton site : je l'ai fait pour ton bien, Cancoyote !

Je le scrutai, un peu PERPLEXE, et il poursuivit :

– Ne me reluque pas comme ça, Cancoyote ! Ton site était un site comme tant d'autres : *super banal* ! On t'y voyait tout seul, vêtu d'une veste *super élégante*, d'une chemise *super bien repassée* et d'une cravate *super classique*. Toutes les photos avaient été prises dans ton bureau, tu ne parlais que de livres et tu ne disais que des trucs *super intelligents* : bref, c'était un site *su-per ba-nal*, ce qui veut dire *su-per barbant*. **Compris, Cancoyote ?**

J'étais de plus en plus perplexe, mais, par malchance, Chacal était intarissable. Je me préparai au pire et de fait, avec un grand sourire, mon ami continua :

– Ne t'inquiète pas, Cancoyote, je vais m'en occuper, moi, de ton site ! Je t'en ferai un *super beau*, avec des photos *super mortelles* : adieu, le rongeur *super normal*, tu vas devenir une souris **TONIQUE**, **TONIQUE**, **TONIQUE**, très **TONIQUE**, et même super **TONIQUE** !

Exaspéré, je le coupai :

– Mais je *suis* un rongeur normal ! Depuis le temps qu'on se connaît, pourquoi ne veux-tu pas admettre que je *suis* une souris **intellectuelle** et timide, et pas du tout **intrépide**,

Tonique...
Téméraire...
Mystérieux...
Courageux...
Gourmand...
Paresseux...
Timide...
Intellectuel...
Super intrépide...
Non, super normal!

ou super intrépide, et pas non plus **TONIQUE**, ni super tonique ! Je suis un rongeur TROUILLARD, super trouillard !

Il m'abattit sa PATTE sur l'épaule.

– T'inquiète pas, Cancoyote, je m'en occupe. Tu vas voir les photos **SUPEEEER MORTEEEEELLES** que je vais mettre sur ton **site**.

Puis il se jeta sur le téléphone.

– Salut, c'est *toi* ? Oui, c'est *moi*. *Elle* est là aussi ? Tout est prêt ? Alors, *il* est à vous, venez le chercher, maintenant. Bien sûr qu'il va accepter, **HA**, **HA**, **HA**, je viens d'effacer tout son site et je garde en otage les archives de son courrier électronique… Faites chauffer le moteur de l'hélicoptère, mettez le sérum anti-venin au frais, préparez *son* testament, bref : soyez prêts à tout. Allez, on va bien rigoler !

Il raccrocha et me considéra, **SATISFAIT**.

– Tu sais avec qui je parlais ? Avec…
C'est alors qu'un vacarme **TONITRUANT** couvrit le son de sa voix, comme si un hélicoptère survolait le toit de ma maison. Peut-être était-ce le cas, mais oui, c'était **VRAIMENT** le cas, car un instant plus tard, *quelqu'un* ouvrit une trappe (dont j'ignorais l'existence !) dans le plafond et descendit jusqu'à nous au moyen d'une **CORDE** ! Par mille mimolettes ! Sous mes yeux, un rongeur au sourire éblouissant et aux yeux **MAGNÉTIQUES** d'un vert jade atterrit d'un bond **AGILE**. Je le reconnus aussitôt : c'était **Wild Willie**, WW pour les amis !

Que faisait-il donc dans mon salon ? J'avais à peine ouvert la bouche pour le lui demander qu'à côté de lui, d'un bond tout aussi **AGILE**, atterrit cette fois une rongeuse, au sourire plus éblouissant encore, avec de ténébreux yeux **noirs** comme le jais. C'était sa cousine Maya !

Mais… Mais que se passait-il donc ???

Chacal les accueillit d'une vigoureuse poignée de patte et s'exclama :

– Je compte sur vous : plein de **PHOTOS** et mille **AVENTURES**, compris ? Serpents, caïmans, araignées… et des scorpions, tant que vous y serez : ça fait toujours son petit effet !

Là, Wild Willie lança à Chacal un **REGARD** entendu et répondit :

– **Garanti !** À son retour, le bleusaillon aura des photos mortelles, à faire crever tout le monde de **jalousie** (*s'il revient vivant, bien sûr*).

Avant que j'aie le temps de couiner, ils m'accrochèrent un **MACHIN** bizarre à la taille et,

l'instant d'après, je fus soulevé dans les airs. Je filai par la trappe de **MON** plafond, puis m'élevai au-dessus de **MON** toit, rejoignis **LEUR** hélicoptère et fus hissé à son bord.

Chacal me salua depuis mon salon en **BRAILLANT** à gorge déployée :

– Tu verras, Cancoyote, tu vas bien rigoler ! Tu pars pour un voyage au pays de l'**AVENTURE** : le Brésil ! Et surtout, tu rentreras avec des photos super mortelles !

Puis il ajouta :

– Je t'accompagnerais volontiers, mais je dois participer à un championnat mondial de parachutisme. Wild Willie et Maya s'occuperont de toi, sois tranquille, tu es entre de bonnes pattes !

Tandis que l'hélicoptère s'éloignait, ses derniers mots résonnèrent à mes oreilles :

– **N'oublie pas, Cancoyote : quand on te prend en photo... souris !**

DESTINATION AVENTURE !

En un clin d'œil, l'hélicoptère rejoignit l'aéroport et là, nous EMBARQUÂMES à bord d'un gros avion de ligne à destination du Brésil. Ce fut un voyage INTERMINABLE : vous savez peut-être que le Brésil se trouve en Amérique du Sud, mais vous n'imaginez pas à quel point c'est LOIN de Sourisia… Oh, que c'est LOIN !!!

Maya prit place à ma gauche, Wild Willie à ma droite. Tandis que l'avion décollait, ce dernier ouvrit un GUIDE TOURISTIQUE du Brésil et m'en fit la lecture :

– Le sais-tu, bleusaille, que Brasilia, la capitale du Brésil, est une ville ultramoderne ? Qu'elle

fut bâtie en moins de trois ans sur les rives d'un lac artificiel, et inaugurée en 1960 ? Vue d'en haut, elle a la forme d'un avion.
Je réfléchis à un commentaire **intelligent**, mais Wild Willie me coupa dans mon élan en poursuivant :
– Le sais-tu, bleusaille, qu'à Rio de Janeiro se

DESTINATION BRÉSIL !!!

Carte d'identité

Région du monde : Amérique latine

Capitale : Brasilia

Superficie : gigantesque ! 8,5 millions de km^2 (le plus vaste pays d'Amérique latine)

Population : nombreuse ! Plus de 200 millions de personnes y vivent

Langue officielle : portugais

Division territoriale : cinq régions, vingt-six États, plus un District fédéral (avec la capitale)

Signe particulier : ses merveilles naturelles, comme la forêt amazonienne, qui abrite environ la moitié des espèces animales et végétales de la planète

tient le plus célèbre CARNAVAL du monde, qui va bientôt commencer ?
Maya jubila :
– Génial ! Au Brésil, on ne s'ennuie jamais ! Et puis c'est un pays riche de merveilles NATURELLES ! Nous irons aux chutes d'Iguaçu (hautes de plus de quatre-vingts mètres), dans la forêt amazonienne et aussi… dans le Pantanal ! C'est une immense zone HUMIDE abritant d'innombrables variétés de plantes et d'animaux : des serpents, des araignées, des caïmans… et même des piranhas !
Je glapis, en proie à la PANIQUE :
– Des serpents ? Des araignées ? Des caïmans ? Et… des piranhas ? Je veux rentrer à la maisoooooon !

Pont Juscelino Kubitschek

Chutes d'Iguaçu

Jabiru d'Amérique

Sans broncher, Wild Willie reprit :
– Tu le savais, bleusaille, que le Brésil est plein de *fazendas*, c'est-à-dire de FERMES immenses où l'on élève du bétail et où l'on cultive NOIX DE COCO, BANANES, PAPAYES, AGRUMES, ANANAS et CANNE À SUCRE… Nous irons voir la fazenda de mes amis Ana et João, qu'est-ce que tu en dis, bleusaille ?
Cette masse d'informations me faisait tourner la tête…
Peu à peu, les voix de Wild Willie et de Maya se mêlèrent en un ronron pâteux, à mesure que mes paupières se faisaient lourdes… toujours plus lourdes.
Hélas Wild Willie, sans pitié, ne cessait de m'assommer de renseignements :
– Sais-tu, bleusaille, qu'au Brésil vivent de nombreux peuples indigènes, parmi lesquels mes amis les Bororos ? *Blablabla et blablabla…*

Quant à Maya, elle s'était mis en tête de m'enseigner le portugais, la langue officielle du Brésil. Mais je ne les entendais plus : j'avais fermé les YEUX et sombré dans le sommeil, bercé par le ronronnement des moteurs de l'avion.

Dans mon rêve, Maya me souriait, fermant à demi ses paupières aux longs cils noirs. Elle me demandait :

– Tu es content de visiter le Brésil, Ger ?

Je n'y comprends croûte !!!

Je fus réveillé par une voix **féminine** qui me parlait dans une langue incompréhensible :
– *Bem vindo ao Brasil, senhor* !*
C'était l'hôtesse, elle me fit comprendre par gestes que je devais **DESCENDRE** de l'avion : nous étions arrivés à Brasilia ! Un peu confus, je

* *Bienvenue au Brésil, monsieur !*

regardai **AUTOUR** de moi et je vis que j'étais tout seul. Je sursautai et m'ÉCRIAI :
– Wild Willie ! Maya ! Où êtes-vous ?
J'aurais bien aimé demander des informations à l'hôtesse, mais… je ne connaissais pas la langue !
Pourquoi, pourquoi, pourquoi n'avais-je pas appris le portugais???
Maya avait bien essayé de m'en enseigner quelques mots pendant le voyage, mais moi… je m'étais endormi comme un nigaud ! Pourquoi, pourquoi, pourquoi n'avais-je pas fait un petit effort ???
L'hôtesse continuait à me **FIXER** et je n'eus plus le choix : il fallait que je descende de l'avion.
En sortant de l'aéroport, je cherchai des yeux Maya et Wild Willie. **Où étaient-ils passés ?**
Je me mis à MARCHER. Je parcourus une suite de rues **INTERMINABLES** (oh, elles n'en finissaient pas !) et je finis par rejoindre une

ET VOICI BRASILIA !

SAVIEZ-VOUS QUE...

Brasilia fut construite en moins de trois ans, sur un grand plateau de l'État de Goiás. Inaugurée en 1960, elle devint la capitale du Brésil (qui était jusque-là Rio de Janeiro). L'urbaniste Lucio Costa donna à Brasilia la forme d'un avion, symbolisant le Brésil prêt à prendre son envol vers le futur.

Chaque zone de la ville a une fonction particulière : dans le « fuselage de l'avion » se trouvent les édifices publics (œuvres de l'architecte Oscar Niemeyer) et les principaux monuments ; dans ses « ailes », les logements des habitants et les commerces.

Brasilia a été classée au patrimoine mondial de l'humanité par l'UNESCO en 1987.

grande avenue très animée et pleine de monuments. Brasilia était vraiment une ville MERVEILLEUSE !

Cependant, toujours aucune trace de mes amis…

OÙ ÉTAIENT-ILS DONC PASSÉS ???

Pour les trouver, j'explorai tous les parcs publics (*immenses !*), toutes les rues (*interminables !*), tous les monuments (*bondés !*)…

J'arpentai la ville en long, en large et en travers, jusqu'à en avoir les pattes qui fumaient ! Finalement, au bord du désespoir, je montai sur la TOUR ÉMETTRICE de la télévision, bien que je souffre du vertige. Mais ils n'étaient pas là non plus ! Je redescendis avec le moral à zéro.

C'est à ce moment précis que je crus voir parmi la FOULE un rongeur portant un CHAPEAU à large bord : par mille mimolettes, on aurait vraiment dit celui de Wild Willie !

Je me ruai à sa poursuite, mais je dérapai dans

une flaque d'eau ! Je fis une longue glissade, suivie d'un triple saut **PÉRILLEUX** vrillé, avant de retomber au sol avec un PLONC retentissant !

Une ambulance me transporta à l'**HÔPITAL** : je m'efforçai d'expliquer ce qui m'était arrivé, mais personne ne comprenait CROÛTE à ce que je disais, et moi, je ne comprenais CROÛTE à ce qu'on me disait !

Pourquoi, pourquoi, pourquoi n'avais-je pas appris le portugais???

La seule chose que je compris, c'est que je m'étais démis une patte (et ça faisait un mal de chien !).

Je compris aussi que je ne retrouverais pas mes **amis** à Brasilia. Alors, je me souvins qu'ils avaient évoqué Rio de Janeiro : peut-être étaient-ils partis **LÀ-BAS**...

CARNAVAL À RIO

J'achetai un billet d'avion et je pris le premier vol pour Rio de Janeiro. Comme je faisais la queue à l'embarquement, j'eus le sentiment d'être suivi… Bizarre !
À Rio, une SURPRISE m'attendait : le carnaval avait commencé ! À peine étais-je des-

cendu de l'avion que je fus emporté par la foule déchaînée, qui chantait et dansait la samba en suivant les chars bariolés dans les rues.
À un moment donné, j'eus une fois encore la nette impression d'être suivi ; il me sembla même que quelqu'un tirait sur un pan de ma veste… Je me retournai d'un coup, mais je ne vis rien de suspect…
Après des heures passées dans cette cohue, j'aperçus l'enseigne d'un hôtel. Je m'y précipitai et je demandai une chambre pour la nuit.

Hélas, personne ne comprenait CROÛTE à ce que je disais, et moi, je ne comprenais CROÛTE à ce qu'on me disait…

Pourquoi, pourquoi, pourquoi n'avais-je pas appris le portugais???

Enfin, à force de gesticuler, je réussis à m'expliquer.

Le lendemain matin, je descendis régler la note, mais en glissant ma patte dans la poche de mon pantalon, j'eus un coup au cœur : mon portefeuille avait disparu !

Le ***directeur*** de l'hôtel me saisit par l'oreille et, l'air ÉNERVÉ, me réprimanda. Pas besoin de comprendre le portugais pour deviner qu'il me disait quelque chose du genre : « Alors, gros malin, tu pensais profiter de vacances

à l'œil, hein ? Maintenant, tu vas nous rembourser jusqu'au dernier sou !!! »
Je fus livré au cuisinier de l'hôtel, un rongeur corpulent qui savait très bien communiquer sans paroles. Il m'obligea à laver des ASSIETTES toute la journée, puis à charger et à décharger des bagages, après quoi je dus REFAIRE tous les lits. Le soir venu, je croyais avoir payé ma dette, mais le MEILLEUR était encore à venir…
D'un vif coup de patte dans l'ARRIÈRE-TRAIN, le cuisinier m'expédia dans la cuisine, mit en route une petite musique JOYEUSE et se lança dans une démonstration de pas de samba, en comptant :
– *Um, dois ! Um, dois ! Um, dois !*
Puis, à grand renfort de taloches, il m'expliqua que

je devais me *déhancher* et me *dandiner*… me *déhancher* et me *dandiner* !

J'ignorais pourquoi il me forçait ainsi à danser la samba, mais je m'appliquai de mon mieux, je vous le jure ! Hélas, le fait est que je n'ai guère le sens du **RYTHME**, et pour ce qui est de me *déhancher* et de me *dandiner*, pas moyen : je suis un piètre danseur !

La séance me parut durer un temps interminable, après quoi le cuisinier m'entraîna hors de l'hôtel, où nous attendait un énorme CHAR, recouvert de tomates géantes.

Ce n'est qu'*à ce moment-là* que je sus ce qui hélas m'attendait :

j'allais devoir grimper sur le char et défiler à travers la ville en dansant la samba, pendant que le public me bombarderait de tomates **POURRIES**. Ce n'est qu'*à ce moment-là* que je compris qu'il valait mieux me *déhancher* et me *dandiner* autant que je le pouvais afin de… hum, d'esquiver les **TOMATES** !
Scouiiiit, pauvre de moi !

Scouiiiiit!

QUELLES MAGNIFIQUES… CHU…UUUUUUTES !

Par chance, c'était le dernier jour du carnaval et le lendemain à l'aube, je fus libre de repartir. Je n'en pouvais plus, de la samba ! Mais j'avais enchanté le public, qui en plus des tomates, m'avait lancé aussi des pièces, en POURBOIRE !

Je comptai les sous ramassés et m'aperçus qu'il y en avait assez pour acheter un billet d'avion. Je décidai donc de quitter Rio de Janeiro et de visiter l'un des sites dont Wild Willie et Maya m'avaient parlé pendant notre vol : les chutes d'Iguaçu.

Peut-être que j'y retrouverais mes amis…

Je courus, plein d'*espoir*, jusqu'à l'aéroport et achetai un billet pour Foz do Iguaçu, la ville la plus proche des chutes, dans l'État du Paraná. De là, à bord d'un autobus **ARCHIPLEIN** de touristes, je rejoignis le site.

Par mille mimolettes, quel spectacle ! Les eaux du fleuve se jetaient d'une hauteur vertigineuse, dans un **GRONDEMENT** assourdissant et en formant d'impressionnants tourbillons.

L'espace d'un instant, j'eus de nouveau l'impression d'être OBSERVÉ… Était-il possible qu'on me suive ? De nombreux touristes admiraient le panorama, je les scrutai, ANXIEUX, cherchant toujours Maya et Wild Willie.

Je fis un tour sur le parking, j'ENTRAI dans tous les restaurants et je visitai toutes les boutiques de souvenirs. J'allai voir jusque dans les toilettes, mais je ne vis pas l'OMBRE de mes deux amis.

En soupirant, je retournai à l'embarcadère, et je parcourus la longue PASSERELLE piétonne qui permettait d'aller observer les chutes de plus près. Je m'arrêtai à un des points panoramiques les plus prodigieux pour profiter du spectacle, et je m'exclamai :

– Quelles magnifiques… chu…uuuutes !

Quelqu'un m'avait poussé, me faisant PLONGER dans le vide !

Geronimo

J'allais hurler « Au secouuuurs ! » mais j'y réfléchis à deux fois : mieux valait garder la bouche fermée !
Les flots impétueux m'emportèrent. De toutes mes forces, je nageai vers la surface, mais dès que je remontais, l'énorme masse d'eau me repoussait au fond dans un fracas TERRIBLE. On aurait dit mille marteaux-piqueurs en action !
Enfin, je refis surface en HALETANT : je me trouvais dans un miroir d'eau calme, au pied des chutes.
La première chose que je vis, ce furent plusieurs barques qui arrivaient à mon secours. Je n'y croyais pas : J'ÉTAIS SAUVÉ !
Je levai les bras, et me mis à crier :
– Je suis en vie ! Je n'ai rien, tout va bi…
Mais juste à ce moment-là, une bouée lancée par un SECOURISTE me heurta la caboche, me faisant rebondir la cervelle.

SBONGGG! SBONGGG! SBONGGG! SBONGGG!

J'eus à peine le temps de murmurer :
– Bien visé !
Et je m'évanouis.

LA VIE AU GRAND AIR

Quand je revins à moi, j'étais couché dans un lit d'hôpital. Une gentille infirmière tentait de m'expliquer quelque chose, mais je ne comprenais **CROÛTE** à ce qu'elle me disait !

Pourquoi, pourquoi, pourquoi n'avais-je pas appris le portugais???

* Comment ça va ?

Avec des gestes, l'infirmière me fit comprendre que j'étais une souris très chanceuse : en tombant dans les chutes d'Iguaçu, je m'étais SEULEMENT fait une grosse bosse !
Quelques heures plus tard, on me laissa sortir de l'hôpital, et je me retrouvai à nouveau tout seul dans la rue. J'étais démoralisé et je ne savais plus quoi faire. Où pouvais-je bien chercher Wild Willie et Maya, à présent ? Ils n'étaient apparemment pas aux chutes...
Soudain, je me souvins que dans l'avion, ils avaient évoqué le Pantanal, la plus vaste plaine INONDÉE du monde. Je me rappelai aussi que Ana et João, deux de leurs amis, habitaient une fazenda dans cette région ! Par mille mimolettes, pourquoi n'y avais-je pas pensé plus tôt ? Maya et Wild Willie s'étaient certainement rendus là-bas !
Je retournai à l'aéroport pour y acheter un

BILLET pour Cuiabá, la capitale du Mato Grosso et la ville la plus proche du Pantanal.
Je n'avais plus un SOU, malheureusement, mais j'avais si bien appris à me faire comprendre en GESTICULANT que je parvins à faire débiter le montant du billet sur mon compte courant. Ce fut aussi facile que de boire un chocolat frappé au mascarpone !
Après un vol CAUCHEMARDESQUE dans un avion brinquebalant, j'atterris à Cuiabá. À peine avais-je quitté l'aéroport, qu'une foule de rongeurs m'entoura, me proposant de m'accompagner en excursion touristique.
Hélas, je n'avais plus d'argent, et je dus me contenter d'une place à l'arrière d'un camion qui transportait des moutons. Et cela me coûta ma montre !
Voilà comment, à bord d'un camion bêlant et puant, je me lançai sur la « Transpantaneira », la

longue piste qui traverse le Pantanal… Pauvre de moi, quelle odeur pestilentielle !
Après quelques kilomètres, le chauffeur stoppa et me fit descendre du camion. Avec des gestes, il m'expliqua qu'il était ARRIVÉ à destination, et que je devais continuer… à pied !
Je râlai un peu (après tout, je lui avais quand même donné ma MONTRE en paiement du trajet), mais il ne parut pas me comprendre.

Pourquoi, pourquoi, pourquoi n'avais-je pas appris le portugais???

Déjà, le jour TOMBAIT, alors je me mis en chemin, triste et solitaire… Après une heure de marche, j'avais perdu tout espoir de trouver la fazenda, quand je vis venir vers moi un rongeur à cheval. Il était grand et **ROBUSTE**, avec un pelage lustré et des yeux brillants comme des olives noires. Je BAFOUILLAI à son adresse :

– Fazenda… Ana… João…

Il éclata d'un rire **RETENTISSANT**, en se désignant lui-même :

– Thiago !

Puis il me fit comprendre qu'il était un ami d'Ana et de João, et qu'il habitait lui aussi à la fazenda.

Quelle chance incroyable ! Après toutes les mésaventures que je venais de subir, je n'arrivais pas à y croire : enfin quelque chose se passait **BIEN** !

Thiago me fit monter en croupe, et nous chevauchâmes jusqu'à la fazenda d'Ana et de João. Quand je rencontrai Ana, elle m'apprit qu'elle parlait anglais. Comme je le parle moi aussi plutôt bien, je pus lui demander des NOUVELLES de Wild Willie et de Maya ! Hélas, elle fit une réponse qui n'était pas celle que j'espérais : mes amis n'étaient pas là !

Scouiiiit ! J'étais si DÉMORALISÉ que j'en aurais pleuré !

Ana le comprit à l'instant et, pour me consoler, m'offrit une petite DOUCEUR succulente, qu'elle avait préparée de ses pattes : un *manjar branco**, un flan à se POURLÉCHER les moustaches. Mon moral remonta en flèche !

Pendant que je DÉGUSTAIS le manjar branco, Ana me dit :

– Geronimo, pourquoi ne restes-tu pas ici quelques jours pour te *reposer* ? Tu pourrais donner un coup de patte aux travaux de la

* *C'est-à-dire un « blanc-manger », dessert très populaire au Brésil.*

MANJAR BRANCO

Ingrédients :
1 l de lait entier
200 ml de lait de coco
1 demi-tasse de maïzena
(fécule de maïs)
1 tasse de sucre
1 petit bocal de prunes au sirop

Mélange le lait, le lait de coco, la maïzena et le sucre dans une petite casserole. Avec l'aide d'un adulte, mets la casserole sur le feu, en continuant à mélanger son contenu avec une spatule en bois, jusqu'à ce qu'il épaississe. Ensuite, enduis d'un peu d'huile les parois d'un moule à flan et verses-y le mélange. Laisse-le refroidir 3 heures au réfrigérateur, puis renverse-le sur une assiette et décore-le avec les prunes au sirop : le dessert est prêt !

Si tu ne peux pas te procurer du lait de coco, fais bouillir quelques minutes de la noix de coco râpée dans 200 ml de lait de vache.

Si tu veux préparer toi-même les prunes au sirop, avec l'aide d'un adulte, fais bouillir lentement, pendant 15 minutes, 250 g de prunes sèches avec 1 demi-tasse de sucre et 1 demi-tasse d'eau.

fazenda et même apprendre un peu de portugais, je te l'enseignerai. Tu verras, la vie au grand air te fera du bien !

J'acceptai, rempli de gratitude :

– Heu… merci ! C'est vrai, je suis ÉPUISÉ et j'ai grand besoin d'apprendre le portugais. Et puis je suis sûr que la vie au grand **air** me fera beaucoup de bien !

Hélas, je ne savais pas encore ce qui m'attendait…

UNE VIE SAINE AU GRAND AIR…

Le lendemain matin, on me réveilla à l'aube pour traire les vaches. Je n'étais pas très doué et je reçus un bon coup de sabot dans l'arrière-train !

J'allai arracher les mauvaises herbes au potager, et une abeille me piqua le postérieur !

Je dus aller chercher les œufs jusque sous les poules, et je me fis béqueter les pattes !

Je cueillis des oranges au verger, mais je glissai de l'échelle et je tombai dans un buisson d'orties. Je n'arrêtais plus de me gratter !

J'étrillai les chevaux, mais l'un d'entre eux m'écrasa le gros orteil de la patte gauche avec son sabot !

Le soir venu, j'étais éreinté, et je m'endormis comme une masse…
Une vie saine au grand air, tu parles !

Vamoooooos !

J'appris à savourer la vie simple qu'on menait à la FAZENDA, et je retrouvai la forme, même si les travaux AGRICOLES continuaient à me poser quelques… hum… petits soucis !

Grâce à Ana, je sus bientôt me débrouiller en portugais. QUELLE SATISFACTION !

Bref, j'étais prêt à repartir à la recherche de Maya et de Wild Willie.

Ana et Thiago me conseillèrent de me rendre au village des Indiens BOROROS, au cœur du Pantanal. Quand j'annonçai à Ana mon départ pour le lendemain, elle me dit sur un ton qui n'admettait pas la contradiction :

– Geronimo, avant que tu partes, nous t'emmènerons au restaurant. Qu'est-ce que tu aimerais manger ?

– Heu… des spécialités locales ? lui répondis-je.

Ana et Thiago échangèrent un regard ÉNIGMATIQUE et me demandèrent :

– Tu es sûr ? Tu veux *vraiment* goûter les spécialités locales ?

Perplexe, j'insistai :

– Eh bien oui, pourquoi pas ?

Tous deux s'écrièrent avec enthousiasme :

– Alors… *vamos** !!!

Et ils bondirent à bord de leur véhicule TOUT-TERRAIN.

J'avais encore la patte sur la portière quand Ana démarra : je restai ACCROCHÉ à la poignée. J'allais crier « au secours ! » mais

* Allons-y !

un moucheron m'entra dans la bouche et je me mis à tousser à en cracher mes poumons.

Cependant, la voiture d'Ana FONÇAIT sur la piste de terre rouge, pleine de nids-de-poule et de FLAQUES. Entre deux virages, je l'entendais crier :

– J'adooore conduire sur cette piste ! *Vamooooooos !*

La radio diffusait de la SAMBA à plein tube et la voiture semblait se BALANCER au même rythme.

Finalement, Ana stoppa pile. Nous étions enfin arrivés au restaurant.

Je fus projeté contre l'enseigne et la heurtai avec fracas.

Une fois redescendu, je constatai que là-haut était écrit : **GARE AUX CAÏMANS !**

Je n'eus pas le temps de demander des explications : un petit rongeur replet, aux grosses MOUSTACHES luisantes de brillantine, me poussa d'autorité à l'intérieur du restaurant. C'était **RATFEIJÃO JÃOJÃO**, le propriétaire. Je surpris un discret échange de clins d'œil entre Ana et lui. Puis il me **SCRUTA** de haut en bas, avant de marmonner, en s'adressant à Thiago :

– Mmmm… À ton avis, il va y arriver ?
– **Il doit y arriver !** répliqua Thiago.
Ratfeijão Jãojão haussa les épaules et grommela :
– Bon, si tu le dis…
Puis il courut vers la cuisine en esquissant des pas de **SAMBA**. Il en ressortit avec une jatte fumante sur une patte et dans l'autre, un plat contenant un mets **ÉTRANGE**.
– Euh, qu'est-ce que c'est ? demandai-je.
– Tais-toi et mange ! m'ordonna Ratfeijão.
Alors je me mis à **manger**, tandis qu'ils m'observaient tous les trois en silence.

J'étais un peu embarrassé et je murmurai, inquiet :

– Euuuh, pourquoi me reluquez-vous comme ça ? Qu'est-ce que je suis en train de manger ?

Ratfeijão RIGOLA :

– Je te le dirai plus tard !

Je finis de manger en me pourléchant les moustaches.

– Mmmm, pas mal. Vraiment DÉLICIEUX ! Dites-le-moi, maintenant : qu'est-ce que j'ai mangé ?

Ratfeijão me dit en riant :

– En entrée, bouillon de piranha. Le plat principal, c'était de la queue de *jacaré** !

Je faillis m'évanouir, mais je n'en eus pas le temps. Mes amis me poussèrent hors du restaurant, en s'exclamant, enthousiastes :

– Avant ton départ, il faut absolument que nous prenions une PHOTO souvenir !

Ils m'entraînèrent dans la boutique voisine.

* *Jacaré : caïman, en portugais.*

C'était une LONGUE pièce étroite, aux murs tapissés de petites vitrines de cristal. Une boutique qui me parut assez ÉTRANGE, car je ne voyais pas ce qu'on pouvait bien y vendre… Le propriétaire, une souris petite et maigrichonne, vint à notre RENCONTRE en ricanant sans cesse et se lança dans un long discours en portugais. Il parlait à toute vitesse, ce qui fit que je ne compris absolument rien à ce qu'il disait. À la fin, il ricana de plus belle en répétant :

– *Jiboia, jiboia, jiboia !*

Puis il tendit la patte vers l'une des petites vitrines et… en sortit le serpent le plus gros que j'aie jamais vu ! Par mille mimolettes, voilà ce que c'était qu'un jiboia !

Il me l'installa sur les épaules, comme une écharpe, cependant que mes amis lançaient des exclamations d'enthousiasme, puis il saisit l'appareil photo d'Ana et immortalisa la scène.

J'étais sur le point de m'EFFONDRER par terre, alors je murmurai à Ana :
– Excuse-moi, juste pour le savoir, comment dit-on « JE VAIS M'ÉVANOUIR » en portugais ?
Ils ne me libérèrent du serpent qu'après avoir pris un million de photos souvenir ! Scouiiiiit !

JE SUIS UN NIGAUUUUUUD !

Le lendemain à l'AUBE, vint le moment de repartir à la recherche de Wild Willie et de Maya. Ana et Thiago m'expliquèrent comment rejoindre le village des Indiens Bororos, au cœur du Pantanal. Ils me l'indiquèrent sur une carte géographique : il se trouvait non loin de la fazenda et j'y arriverais en quelques heures de marche.

Je saluai et remerciai mes amis avec ÉMOTION, ils me dirent, la mine sérieuse :

– Geronimo, tu crois que tu réussiras à trouver le CHEMIN du village ?

– Mais bien sûr, j'y serai avant la nuit ! leur répondis-je.

Ils insistèrent :

– Tu es sûr que tu ne vas pas te perdre ? La saison des pluies vient tout juste de s'achever, certains sentiers sont peut-être encore inondés… Tu pourrais t'ÉGARER !

Je soupirai :

– Mais non, je ne me perdrai pas ! Et puis j'ai la carte que vous m'avez donnée !

Ils SECOUÈRENT la tête.

– Il ne faut surtout pas traîner dans le Pantanal après le crépuscule, c'est dangereux !

– Je ne me perdrai pas, je ne suis pas un NIGAUD, répétai-je.

Puis je les saluai, et hardiment, je m'élançai sur le sentier qui s'enfonçait dans le Pantanal. Eh oui, j'étais vraiment devenu une souris AVENTURIÈRE ! Savoir comme Maya et Wild Willie seraient fiers de moi !

Je pénétrai dans la FORÊT. De temps en temps, je m'arrêtais pour vérifier ma route sur la carte. Tout autour de moi pullulaient des dizaines de *merveilleux* oiseaux bariolés. Ils étaient splendides, et je décidai de prendre quelques **PHOTOS** pour les montrer à mon retour. C'est pourquoi je ne m'aperçus pas de la tombée du CRÉPUSCULE... Bientôt, le soleil se coucha et je me retrouvai tout seul, au cœur de la forêt. C'était exactement ce qu'Ana m'avait recommandé d'**ÉVITER** !

Je ne compris qu'alors combien j'avais été imprudent. J'avais surestimé mes **CAPACITÉS**. Je n'avais pas écouté Ana, qui pour mon bien, essayait de me mettre en garde...

Cependant que l'OBSCURITÉ se faisait plus profonde, des bruits terrifiants montèrent des tréfonds de la forêt. Oh, pauvre de moi !

Je me réfugiai sous un arbre aux épaisses frondaisons, et je me mis à sangloter :

– Je suis perduuuu ! Je suis tout seuuuul ! Je suis un gros NIGAUUUUUUD !

Mais à quoi bon crier : qui pourrait m'aider, dans cette forêt **IMMENSE** et **SAUVAGE** ?

Pourtant, l'instant d'après, des feuillages s'écartèrent, et je vis apparaître un petit **MUSEAU** à l'air intrigué…

Mon nom est Colibrì !

Ce museau était celui d'une petite souris à la **SOYEUSE** fourrure couleur café.
Elle était couverte de MYSTÉRIEUX tatouages, et portait un collier de baies vernies rouges et noires. Des plumes MULTICOLORES étaient piquées dans ses cheveux, lâchés sur ses épaules.
Mais je fus surtout frappé par ses **YEUX** : j'y lus

la sincérité et l'honnêteté. D'abord elle me parla dans une langue que je ne compris pas, puis, voyant mon EXPRESSION interloquée, elle me dit en portugais :

– Mon nom est COLIBRÌ.

Comme j'avais très envie de devenir son ami, je lui souris de tout mon cœur. Puis je lui dis en portugais :

– *O meu nome é Stilton. Geronimo Stilton !*

Les leçons d'Ana avaient été utiles ! Colibrì me sourit à son tour, et m'invita à la suivre. D'un pas SÛR, elle s'engagea sur un sentier qui s'enfonçait dans la forêt. Pendant que nous progressions parmi la végétation, guidés par la lueur de la lune, ma nouvelle amie m'expliqua, toute fière, les secrets de cet extraordinaire milieu naturel.

Nous MARCHÂMES très longtemps. Enfin, le sentier déboucha sur une clairière où se dressait un village. COLIBRÌ se mit alors à claironner :

Ara
Singe Hurleur
Jabiru
Tapir
Caïman
Capybara
Piranha

Le **PANTANAL** est la plus grande zone humide du monde et s'étend en grande partie au Brésil, dans les États du Mato Grosso et du Mato Grosso do Sul. Le nom Pantanal vient du mot portugais « pântano », qui signifie « marais ». En effet, il y pleut neuf mois par an, et pendant la saison des pluies, la forêt, presque entièrement submergée par les eaux, devient un immense marécage ! De très nombreuses espèces d'animaux et de plantes y vivent, en faisant l'un des écosystèmes les plus riches de la planète. C'est pourquoi en l'an 2000, le Pantanal a été déclaré patrimoine mondial de l'humanité par l'UNESCO.

– Venez, venez tous, Geronimo est arrivé !

Des huttes de feuillage tressé sortirent de nombreux Indiens à la mine endormie, qui m'examinèrent avec curiosité. Je ne vis parmi eux que des enfants ou des vieillards. Comme c'était ÉTRANGE ! Où étaient passés les jeunes adultes du village ?

C'est alors qu'un vieux rongeur à l'air sage vint à ma rencontre et s'exclama :

– Nous t'attendions, Geronimo !

– Vous m'attendiez ? C'est vrai ? Comment est-ce possible ?

Il répéta :

– Nous t'attendions ! Tu es bien Geronimo, l'ami de Wild Willie ?

Je l'interrogeai, tout ému :

– Wild Willie est ici ?

– Non, mais il y a plusieurs jours, j'ai reçu une lettre de lui, m'annonçant que tu viendrais nous aider, c'est pour cela que nous t'attendions.

Étonné, je lui demandai des explications, et il me répondit :

– Suis-moi, et je te raconterai tout.

Puis il me mena jusqu'à une source d'eau limpide, et commença son récit :

– Étranger, il faut que tu saches que notre peuple vit depuis toujours en paix sur ces terres. C'est là, auprès de cette source, que depuis la nuit des temps, nous veillons sur notre trésor le plus précieux : le Cœur de lumière. C'est un cristal en forme de CŒUR, à la lumière extrêmement pure.

Il soupira, puis il reprit :

– Hélas, l'existence de ce merveilleux cristal a été découverte par RATO LOCO, un rongeur sans scrupule, chef d'une bande d'aventuriers. Lui et ses complices ABATTENT les arbres pour en vendre le bois. À la place de la forêt, ils construisent des routes et des maisons en béton !

Je lui demandai, inquiet :

– Qu'est-il arrivé au Cœur de lumière ?

– Un jour de triste mémoire, Rato Loco est venu nous trouver, il voulait acheter le cristal, le réduire en petits MORCEAUX et en faire des souvenirs pour les touristes… Nous avons refusé, parce que le Cœur de lumière est le fondement de toutes nos traditions.

Les Bororos

Les Bororos sont l'une des nombreuses tribus indiennes du Brésil. Ils habitent des villages dont les huttes sont disposées en cercle autour d'une cour, c'est pourquoi on les appelle du nom qui, dans leur langue, signifie « cour » : *bororo* ! Au centre de chaque village se trouve le lieu abritant les cérémonies sacrées : le *baito*, c'est-à-dire « la hutte des hommes ». Les Bororos sont d'habiles artisans, ils aiment se parer de splendides couvre-chefs de plumes multicolores.

Le vieux rongeur se mit à pleurer :
– Mais Rato Loco n'a pas renoncé. Une nuit, lui et sa bande ont débarqué à bord d'un énorme hélicoptère, et ils ont volé le cristal ! Ils ont CAPTURÉ tous les jeunes du village qui tentaient de défendre le Cœur de lumière, et ils en ont fait des ESCLAVES, qu'ils forcent à abattre les arbres !
Les yeux pleins de larmes, il poursuivit :
– Tout le monde redoute Rato Loco et sa bande. Personne n'a jamais osé l'empêcher de nuire par peur des représailles !
– Quelle tête de reblochon ! m'écriai-je. Maintenant, je comprends pourquoi il ne reste plus que des anciens et des enfants au village.
Il acquiesça et reprit son récit :
– Alors, il y a plusieurs semaines, j'ai écrit une lettre à mon vieil ami Wild Willie, pour lui demander de l'aide. Car il nous a déjà défendus dans le passé contre d'autres injustices. Il m'a

répondu qu'il m'enverrait une souris appelée Geronimo.
Il me regarda avec admiration.
– Tu dois être une souris **très** forte, **très** rusée, **très** courageuse et même **très** intrépide… Parce que Rato Loco et ses sbires sont des rongeurs **très très** méchants !

SI TU MARTÈLES CETTE SOURIS…

Je tentai de détromper mon nouvel ami :
– Je suis désolé de te décevoir, mais… hum… je ne suis pas fort, ni rusé, et encore moins intrépide ! Et surtout, je ne suis pas bien **COURAGEUX** ! Ils sont si méchants que ça ?
– **HORRIBLEMENT MÉCHANTS !** répondit le vieux sage.
Puis il ajouta :
– À présent, va te reposer, Geronimo. Demain, tu auras besoin de toutes tes forces, de toute ta ruse et de tout ton courage !
Puis il appela Colibrì, qui m'accompagna jusqu'à une hutte et me souhaita une **BONNE NUIT**.
Hélas, la nuit fut un peu difficile…
Au village, l'usage était de dormir dans des

hamacs, mais, quand j'essayai de m'allonger dans le mien, j'en DÉGRINGOLAI aussitôt par terre, me meurtrissant l'arrière-train ! Scouiiit ! Il me fallut plusieurs (*douloureuses*) tentatives avant de comprendre la technique ; c'était en effet très confortable.

Mais, bien que BERCÉ par le hamac, je passai une nuit blanche. Je ne cessais de penser au récit de l'**ANCIEN**, et à la confiance absolue que je lui inspirais. Je ne voyais pas pourquoi Wild Willie avait vanté mon courage. Je suis un gars, *ou plutôt un rat*, tout à fait ordinaire, et même plutôt TROUILLARD. Qu'est-ce que j'allais bien pouvoir faire ??? Au bout d'un moment, malgré

mes craintes, je finis par admettre que je devais aider mes nouveaux amis : j'étais leur dernier espoir et il ne fallait pas que je les DÉÇOIVE !
Aussi, à l'aube, je pris mon courage à deux pattes, je les saluai tous et je partis à la recherche de RATO LOCO et du Cœur de lumière.
Juste avant de me mettre en route, je pris Colibrì à part et lui chuchotai :
– J'y vais, je ferai de mon mieux, mais je ne suis pas sûr d'y arriver… Il faut que tu saches que je ne suis pas celui que vous espériez… JE NE SUIS QU'UNE SOURIS QUELCONQUE !
Elle me sourit :
– Écoute-moi, Geronimo : aie confiance. Tu verras, la FORÊT vient toujours en aide à ceux qui la défendent !
Touché au cœur par ces paroles, je m'en allai, solitaire, et m'enfonçai dans la forêt.
Je marchai, la peur au ventre, OBSERVANT bien les alentours. Mais je ne trouvai pas trace du

cristal, ni de ceux qui l'avaient VOLÉ. J'errai durant trois jours, de plus en plus épuisé et DÉCOURAGÉ… C'est alors que je me souvins du conseil de Colibrì. Savoir si la forêt allait m'aider ?

Je chuchotai :

– Hum, j'ai besoin d'aide…

Mais rien ne se produisit. Je répétai donc à haute voix :

– J'ai vraiment besoin d'aide…

Et puisque rien ne se passait, je hurlai à gorge déployée :

– J'ai sérieusement besoin d'aide ! Aidez-moiiiiii !

L'instant d'après, je sentis qu'on tirait sur la manche de ma veste. Je me retournai et je vis un singe, qui semblait me montrer un sentier dans la forêt… Surpris, je m'y ENGAGEAI.

Quand j'arrivai à un croisement, un tapir, de son long museau, m'indiqua une direction. Un

peu plus tard, comme je craignais de m'être définitivement égaré, un papillon MULTICOLORE voleta devant moi, me montrant la route à SUIVRE. Puis un tatou jaune traversa le sentier, m'obligeant à tourner à droite, et enfin un jaguar se percha sur une branche au-dessus de moi et me flanqua un coup de PATTE pour me remettre sur le bon chemin !

Je m'écriai :

– J'ai compris ! Merci, à vos ordres !

Je progressai de cette manière jusqu'au CRÉPUSCULE. C'est alors que j'entendis un terrible fracas métallique. Je me cachai parmi les buissons pour épier ce qui se passait et… Scouiiiiit ! Je restai bouche bée !

Devant moi s'ouvrait une clairière, et tout autour, des rongeurs dans des pelleteuses et des tracteurs s'activaient à **déraciner** des arbres. En son centre, brillait une grosse masse scintillante… Un grand perroquet, perché sur une branche, grinça :

Crrristalcrrrristalcrrristal…

Puis il s'envola tandis que je restais là, caché dans les fourrés, ne sachant comment agir. J'étais tout **SEUL**, et ils étaient si **NOMBREUX**… Qu'est-ce que je pouvais faire ? Au milieu d'un groupe d'ouvriers, j'identifiai celui qui paraissait être le **CHEF** : ce devait être Rato Loco ! Par mille mimolettes, je fus saisi de PEUR rien qu'à le regarder. Et je me mis à trembler lorsque je l'entendis hurler :

– Regardez-moi tous ! Je vais maintenant donner le premier coup de marteau à ce gros cristal, ça me fera un joli porte-clefs pour mon nouveau 4 X 4… Hé, hé, hé…

Il se cracha dans les pattes et s'empara du marteau, tandis que tout autour de lui, les autres l'encourageaient en braillant :

– ALLEZ CHEF, ALLEZ CHEF, ALLEZ CHEEEEF !

Dès lors, mon instinct prit le dessus : je devais protéger le Cœur de lumière à tout prix ! J'oubliai ma peur et je bondis hors des fourrés, je me ruai sur le cristal et lui fis un rempart de mon corps en criant :

– Avant de marteler ce cristal, il te faudra me marteler d'abord, canaille !

Couché sur l'énorme cristal, je fermai les yeux, attendant le premier coup de marteau, lorsque j'entendis une voix ordonner :

– ARRÊTEZ !

Je rouvris les yeux, incrédule : c'était la voix de Wild Willie !

C'était bien lui, en fourrure et en moustaches. Il se mit en position de karatéka et cria au scélérat :

– Kiaiii ! Gare à toi si tu martèles cette souris, je veux dire : gare à toi si tu martèles ce cristal…

Soudain, Maya surgit derrière lui et, avant que j'aie pu me remettre de ma surprise, elle arracha le marteau des pattes de Rato Loco d'un seul coup de fouet !

Puis je vis apparaître une troupe d'Indiens : c'étaient les jeunes du village ! Maya et Wild Willie les avaient libérés !

Se voyant encerclé, Rato Loco, furieux, grogna :

– Nous nous rendons ! Vous avez gagné, grrrr !

Maya me murmura :

– J'ai assisté à toute la scène, Geronimo. Comme tu as été courageux ! Tu permets que je te donne un baiser ?

Je bafouillai :

– Heu... je t'en prie, je t'en prie...

Mais à peine m'avait-elle embrassé que je tournai de l'œil, vaincu par toutes ces ÉMOTIONS... et par son baiser !

BIENVENUE À LA MAISON, CANCOYOTE !

Quand je revins à moi, j'étais de retour au village de mes amis les Indiens, **CONFORTABLEMENT** étendu dans un hamac, sous une hutte.

Colibrì se tenait à côté de moi et, dès qu'elle s'aperçut que j'étais éveillé, elle ***COURUT*** dehors

pour l'annoncer à tout le monde à grands cris enthousiastes :

– Geronimo s'est réveillé ! Hourra !!!

Je sortis de la hutte, et je constatai que le soleil se couchait à nouveau : j'avais dormi VINGT-QUATRE heures d'affilée !

Le vieux chef du village vint à ma rencontre et me remercia SOLENNELLEMENT :

– Merci, Geronimo. Le Cœur de lumière est de retour parmi nous, et c'est grâce à ton courage !

Tout le monde s'écria :

– Vive Geronimo ! Vive le SAUVEUR du Cœur de lumière !

Puis le chef du village déclara :

– Et maintenant, assez de discours, place à la fête !

Ce fut une FÊTE merveilleuse, avec des chants, des danses, et les mets simples et frais offerts par la FORÊT...

Wild Willie, Maya et moi, nous passâmes encore quelques jours au village, mais bien vite, ce fut l'heure du départ.

Je saluai mes amis avec ÉMOTION :

– Merci pour tout. Je ne vous oublierai jamais… Venez me voir à Sourisia, je serai heureux de vous offrir l'hospitalité, comme vous me l'avez offerte !

Puis, avec Maya et Wild Willie, j'entamai le long, l'interminable voyage qui me ramènerait à la maison.

Pendant le DÉCOLLAGE, je révisai tous les mots

et les expressions en *portugais* que j'avais appris au cours de cette aventure…
Lorsque l'HÔTESSE vint me souhaiter un bon vol, je sus lui répondre dans un portugais parfait : j'étais plutôt fier de moi !
Après quoi, je m'endormis comme une MASSE, et je ne me réveillai que quand l'avion atterrit à l'aéroport de Sourisia.
Toute ma **famille** était venue m'accueillir : ma sœur Téa, mon cousin Traquenard et mon neveu Benjamin.
Bien entendu, Chacal ne pouvait pas louper ça : il me **BROYA** en me serrant (*trop*) énergiquement dans ses pattes et en s'exclamant :
– Bienvenue à la maison, Cancoyote !
Wild Willie lui lança un **REGARD** entendu, se lissa les moustaches et lança :
– Incroyable, non ? Le bleusaillon est rentré **VIVANT** ! Qui l'eût cru ?!
Je m'adressai à Chacal, non sans orgueil :

– Si tu savais combien d'**AVENTURES** j'ai vécues ! Des aventures mortelles, super mortelles ! À n'y pas croire ! Hélas, je n'en ai rapporté aucune **PHOTO**…

Chacal me fit un clin d'œil.

– Ne te fais pas de souci, Cancoyote, il y en a, des photos : les voilà !

Et il m'**AGITA** sous le museau une liasse de photographies. Je bredouillai :

– Mais… mais qui les a prises ? J'étais toujours tout seul !

Chacal me **TOQUA** sur le crâne.

– Il y a quelqu'un là-dedans ? Tu n'as pas encore compris ? Tu n'as jamais été tout seul… Maya et Wild Willie ne t'ont jamais quitté !

0101
0101
01
02
3

AVENTURES SUPER MORTELLES !

Agrippé à la portière d'un véhicule tout-terrain lancé à toute berzingue !

Danseur de samba au carnaval de Rio de Janeiro !

Plongeon dans les chutes d'Iguaçu !

Prêt pour la photo souvenir avec un… *jiboia* !

En marche vers le Pantanal !

Avec les amis Bororos !

Aux prises avec Rato Loco et ses sbires !

Toc toc, il y a quelqu'un là-dedans ?

Mais… comment était-ce possible ?! Toutes les (*més*)aventures que j'avais VÉCUES avaient donc été organisées par mes amis ?!

J'en restai baba et je bafouillai :

– MAIS JE, C'EST-À-DIRE VOUS, ENFIN NOUS…

Chacal me toqua derechef sur le crâne.

– Toc toc, il y a quelqu'un là-dedans ? Nous t'avons ABANDONNÉ exprès, ainsi tu as dû tout faire tout seul : danser la samba, survivre au plongeon dans les chutes, manger du bouillon de piranha, sans oublier mettre un SERPENT en écharpe ! Tu devrais me remercier !

Wild Willie RIGOLA, en se lissant les moustaches.

– Oui, tu devrais nous remercier pour tous les efforts que nous avons faits. Un BLEUSAILLON dans ton genre n'aurait jamais rapporté de PHOTOS aussi puissamment mortelles sans aide ! Si je ne t'avais pas chip…

Chacal lui fila un coup de coude et Maya ferma les yeux à demi en SUSURRANT :

– Chuuuut…

Trop tard, je venais de tout comprendre, et je hurlai :

– Quoiquoiquoi ?! Non seulement vous m'avez planté tout seul dans un pays inconnu, mais en plus vous m'avez chipé mon portefeuille pendant le CARNAVAL ? Quels chouettes amis vous faites !

Chacal me tira une moustache et me gronda :

– Et voilà, Cancoyote, toujours aussi ingrat ! On s'est démenés pour que le DÉFI soit le plus excitant possible, et toi tu râles ?!

Mais déjà, Maya avait ouvert son ordinateur portable, et s'exclamait, RAVIE :

– Tu es en ligne, Geronimo !!!

Je m'écriai :

– Quoiquoiquoi ?!

Puis je compris. Sur l'écran était apparu mon nouveau site, avec les photos D'ENFER de mon voyage. Je vis que de toute l'île des Souris commençaient à affluer les commentaires d'amis, de PARENTS, de connaissances et de tous mes lecteurs...

« Compliments, Geronimo ! », « Félicitations, Geronimo ! », « Bien joué, Geronimo ! ». Et puis encore : « On ne te savait pas si COURAGEUX, Geronimo ! », « Tu es vraiment une souris aventurière, Geronimo ! », et ainsi de suite.

Un instant plus tard, mon téléphone se mit à tinter joyeusement : tous mes amis voulaient me féliciter de vive voix. Les YEUX humides d'émotion, je me tournai vers mes compagnons de voyage.

– Merci pour tout ce que vous avez fait pour moi ! Je sais que vous avez agi avec les meilleures intentions du monde, même si sur le MOMENT, j'ai eu du mal à le comprendre (*hum, d'ailleurs j'ai encore un peu de mal, mais ça ne fait rien*). En tout cas, le résultat est exceptionnel ! Mon nouveau site est vraiment mortel, et même super mortel ! Grâce à vous, j'ai découvert un pays merveilleux, j'ai rencontré de nouveaux amis, et surtout, j'ai compris que nous sommes partout **CHEZ NOUS** quand notre cœur résonne à l'unisson de celui de tous ceux qui nous **AIMENT** !

Qui l'eût cru ?

C'est alors que je décidai d'écrire un livre sur mes AVENTURES brésiliennes. C'est le livre que vous êtes en train de lire, et j'espère qu'il vous plaît ! Tout est véridique, vous savez ? Tout, tout, tout, même l'histoire du serpent en écharpe !

Un peu après la publication de ce livre au Brésil, je reçus un coup de fil INCROYABLE : c'était le célèbre réalisateur brésilien Rateiro Ratoz !

– *Senhor* Geronimo, j'ai lu votre livre et il m'a ENTHOUSIASMÉ. Grâce à vous, tout le monde peut comprendre à quel point le Brésil est une terre d'aventures !

Je le remerciai, et il poursuivit :

– Eh bien, *senhor* Geronimo, et si vous deveniez le **héros** d'un film sur le Brésil ?
J'étais stupéfait :
– Mais je… je ne suis pas un acteur !
Il éclata de rire :
– **Tant mieux**, *senhor* Geronimo, tant mieux ! C'est vous que je veux, seulement vous, rien que vous, car vous étiez une souris **ORDINAIRE** et vous vous êtes révélé si intrépide ! Superbe, la photo avec le **SERPENT** en écharpe ! Nous l'utiliserons pour l'affiche du film.
C'est ainsi que je **RETOURNAI** au Brésil… Moi qui pensais ne jamais revoir ce pays !
Ce fut **MERVEILLEUX** de retrouver tous mes amis brésiliens, je découvris combien ils m'avaient manqué !
Quand le tournage et le montage furent achevés, et que le film fut

Rateiro Ratoz

projeté à Sourisia, ce fut un SUCCÈS formidable ! La scène du SERPENT en écharpe fut tout particulièrement appréciée…

J'avais beaucoup appris au cours de cette aventure. Avant tout, j'avais COMPRIS que parfois, ce qui, à première vue, semble un malheur se révèle être une CHANCE. Si je ne m'étais pas retrouvé sans argent, je n'aurais jamais accompli ce voyage plein de PÉRIPÉTIES ! Et puis j'avais constaté que les pires difficultés sont SURMONTABLES lorsqu'on est épaulé par des amis sincères. Qu'aurais-je pu faire sans l'aide de tous ces rongeurs qui m'avaient accueilli chez eux avec CHALEUR ?

Enfin, je m'étais rendu compte que le vrai danger n'est pas de porter un serpent en écharpe, mais de vivre une vie MONOTONE, sans jamais éprouver de sensations nouvelles, imprévues et *merveilleusement* saisissantes !

C'est cela, le sens véritable de l'aventure, et

maintenant que j'en connais le goût, je ne sais pas si je pourrai m'en passer ! Mais ça, vous le DÉCOUVRIREZ dans mes prochains livres, parole de Stilton, Geronimo Stilton !

Table des matières

Geronimo Stilton

DANS LA MÊME COLLECTION

1. Le Sourire de Mona Sourisa
2. Le Galion des chats pirates
3. Un sorbet aux mouches pour monsieur le Comte
4. Le Mystérieux Manuscrit de Nostraratus
5. Un grand cappuccino pour Geronimo
6. Le Fantôme du métro
7. Mon nom est Stilton, Geronimo Stilton
8. Le Mystère de l'œil d'émeraude
9. Quatre Souris dans la Jungle-Noire
10. Bienvenue à Castel Radin
11. Bas les pattes, tête de reblochon !
12. L'amour, c'est comme le fromage...
13. Gare au yeti !
14. Le Mystère de la pyramide de fromage
15. Par mille mimolettes, j'ai gagné au Ratoloto !
16. Joyeux Noël, Stilton !
17. Le Secret de la famille Ténébrax
18. Un week-end d'enfer pour Geronimo
19. Le Mystère du trésor disparu
20. Drôles de vacances pour Geronimo !
21. Un camping-car jaune fromage
22. Le Château de Moustimiaou

23. Le Bal des Ténébrax
24. Le Marathon du siècle
25. Le Temple du Rubis de feu
26. Le Championnat du monde de blagues
27. Des vacances de rêve à la pension Bellerate
28. Champion de foot!
29. Le Mystérieux Voleur de fromage
30. Comment devenir une super souris en quatre jours et demi
31. Un vrai gentilrat ne pue pas!
32. Quatre Souris au Far West
33. Ouille, ouille, ouille... quelle trouille!
34. Le karaté, c'est pas pour les ratés!
35. L'Île au trésor fantôme
36. Attention les moustaches... Sourigon arrive!
37. Au secours, Patty Spring débarque!
38. La Vallée des squelettes géants
39. Opération sauvetage
40. Retour à Castel Radin
41. Enquête dans les égouts puants
42. Mot de passe: Tiramisu
43. Dur dur d'être une super souris!
44. Le Secret de la momie
45. Qui a volé le diamant géant?
46. À l'école du fromage
47. Un Noël assourissant!
48. Le Kilimandjaro, c'est pas pour les zéros!
49. Panique au Grand Hôtel
50. Bizarres, bizarres, ces fromages!
51. Neige en juillet, moustaches gelées!
52. Camping aux chutes du Niagara
53. Agent secret Zéro Zéro K
54. Le Secret du lac disparu
55. Kidnapping chez les Ténébrax!
56. Gare au calamar!
57. Le vélo, c'est pas pour les ramollos!
58. Expédition dans les collines Noires
59. Bienvenue chez les Ténébrax!
60. La Nouvelle Star de Sourisia
61. Une pêche extraordinaire!
62. Jeu de piste à Venise
63. Piège au parc des mystères
64. Scoops en série à Sourisia
65. Le Secret du karaté
66. Le Monstre du lac Lac
67. S.O.S. Souris en orbite!
68. Dépêche-toi, Cancoyote!
69. Geronimo, l'as du volant

Et aussi...

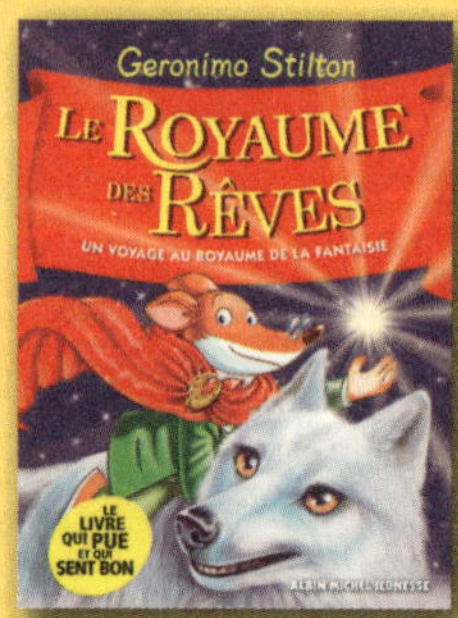

Le Voyage dans le temps tome I
Le Voyage dans le temps tome II
Le Voyage dans le temps tome III
Le Voyage dans le temps tome IV
Le Voyage dans le temps tome V
Le Royaume de la Fantaisie
Le Royaume du Bonheur
Le Royaume de la Magie
Le Royaume des Dragons
Le Royaume des Elfes
Le Royaume des Sirènes
Le Royaume des Rêves
Le Secret du courage
Énigme aux jeux Olympiques

Les Préhistos

1. **Pas touche à la pierre à feu !**
2. **Alerte aux météorites sur Silexcity !**
3. **Des stalactites dans les moustaches !**
4. **Au trot, trottosaure !**
5. **Tremblements de rire à Silexcity**

1. Entrée
2. Imprimerie (où l'on imprime les livres et le journal)
3. Administration
4. Rédaction (où travaillent les rédacteurs, les maquettistes et les illustrateurs)
5. Bureau de Geronimo Stilton
6. Piste d'atterrissage pour hélicoptère

Fleuve Souris
Plage
1
2
3
4
5
6
7
8
9
10
11
12
13
14
15
16
17
18
19
20
21
22
23
24
25
26
27
28
29
30
31
32
33
34
35
36
37
38
39
40
41
42
43
44
45
46

Sourisia, la ville des Souris

1. Zone industrielle de Sourisia
2. Usine de fromages
3. Aéroport
4. Télévision et radio
5. Marché aux fromages
6. Marché aux poissons
7. Hôtel de ville
8. Château de Snobinailles
9. Sept collines de Sourisia
10. Gare
11. Centre commercial
12. Cinéma
13. Gymnase
14. Salle de concerts
15. Place de la Pierre-qui-Chante
16. Théâtre Tortillon
17. Grand Hôtel
18. Hôpital
19. Jardin botanique
20. Bazar des Puces-qui-boitent
21. Maison de tante Toupie et de Benjamin
22. Musée d'Art moderne
23. Université et bibliothèque
24. La Gazette du rat
25. L'Écho du rongeur
26. Maison de Traquenard
27. Quartier de la mode
28. Restaurant du Fromage d'or
29. Centre pour la Protection de la mer et de l'environnement
30. Capitainerie du port
31. Stade
32. Terrain de golf
33. Piscine
34. Tennis
35. Parc d'attractions
36. Maison de Geronimo Stilton
37. Quartier des antiquaires
38. Librairie
39. Chantiers navals
40. Maison de Téa
41. Port
42. Phare
43. Statue de la Liberté
44. Bureau de Farfouin Scouit
45. Maison de Patty Spring
46. Maison de grand-père Honoré

Île Corsaire
Vers le détroit du Rapt-à-Rat
Ici passent les baleines
Île Tortue
Galion des chats pirates
Golfe de la Dent cariée
Archipel d'Égout putride
Atoll des îles Bienheureuses
Baie des Dauphins
Barrière de corail
Port-Relent
Vers l'océan Ratonique méridional
Port-Beurk
Rade du Chat errant
Roquefort
Vers la mer des Vibrisses vibrants
Port-Souris
Ici, requins !
SOURISIA
Port-Croûton
Phare Pelliculeux
Île Épilée
Île des Souris
Épave affleurant
Vers la mer des Sourgasses

Île des Souris

1. Grand Lac de glace
2. Pic de la Fourrure gelée
3. Pic du Tienvoiladéglaçons
4. Pic du Chteracontpacequilfaifroid
5. Sourikistan
6. Transourisie
7. Pic du Vampire
8. Volcan Souricifer
9. Lac de Soufre
10. Col du Chat Las
11. Pic du Putois
12. Forêt-Obscure
13. Vallée des Vampires vaniteux
14. Pic du Frisson
15. Col de la Ligne d'Ombre
16. Castel Radin
17. Parc national pour la défense de la nature
18. Las Ratayas Marinas
19. Forêt des Fossiles
20. Lac Lac
21. Lac Lac Lac
22. Lac Laclaclac
23. Roc Beaufort
24. Château de Moustimiaou
25. Vallée des Séquoias géants
26. Fontaine de Fondue
27. Marais sulfureux
28. Geyser
29. Vallée des Rats
30. Vallée Radégoûtante
31. Marais des Moustiques
32. Castel Comté
33. Désert du Souhara
34. Oasis du Chameau crachoteur
35. Pointe Cabochon
36. Jungle-Noire
37. Rio Mosquito

Au revoir, chers amis rongeurs, et à bientôt pour de nouvelles aventures.
Des aventures au poil, parole de Stilton, de…

Geronimo Stilton